ABC der Tiere 1

Arbeitsheft

Druckschrift Teil A

Kompakt

Herausgegeben von
Klaus Kuhn

Erarbeitet von
Klaus Kuhn
Kerstin Mrowka-Nienstedt

Name: ______________________________

Klasse: ______________________________

Mildenberger

Inhalt

Die Kompetenzen zu jeder Heftseite unter: www.abc-der-tiere.de/1405-kompetenzen

Die Symbole bedeuten

 Lies und führe gleichzeitig den Finger der Schreibhand in Bögen unter den Silben mit.

 Schreibe mit zwei Farben.

 Male in das Arbeitsheft.

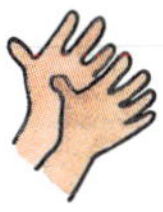 Sprich und klatsche dazu.

 Höre bestimmte Silben heraus.

 Verbinde Silben, Wörter und Bilder.

 Laufe die Silben ab.

 Stelle den Mini-Silbenschieber ein.

 Stelle den Silbenschieber ein.

Spure nach und schreibe mit zwei Farben.

 Schreiben mit der Schreibtabelle*

1. Bearbeite die Aufgabe so wie du es kannst.

 Ich – Du – Wir

 Über Lernen sprechen

 Klassengespräch

* Je nach Platzbedarf und Leistungsstand in das Arbeitsheft oder das Schreibheft

1.

2.

mi	Mu	mi
mu	mi	Mi

- 1. Klassengespräch zu Silbenkärtchen; Silbenkärtchen in Partnerarbeit zuordnen
- 2. Alle **Mi**/**mi**-Rahmen gelb, alle **Mu**/**mu**-Rahmen grün ausmalen

1.

2. 

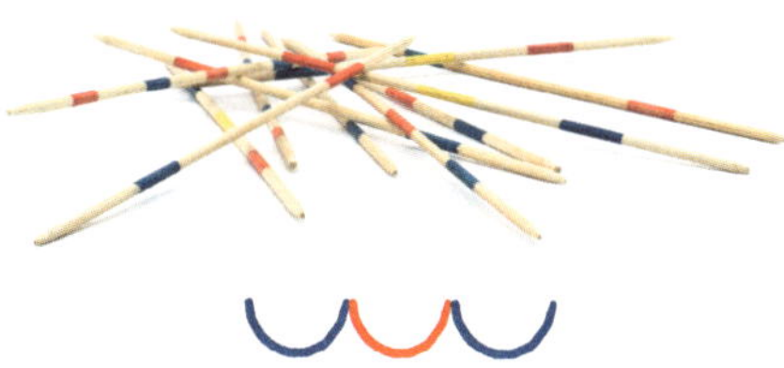

3. 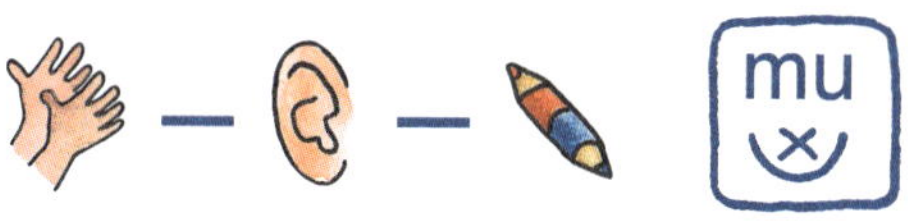

•• 1. Im Klassengespräch alle Bildwörter klären, synchron sprechen und klatschen, auf **Mi/mi** bzw. **Mu/mu** abhören und im passenden Silbenbogen ankreuzen: Salami, Mikado, Emu, Muschel
•• 2. In Einzelarbeit Bildwörter synchron sprechen und klatschen, auf **Mi/mi** abhören und markieren
•• 3. In Einzelarbeit Bildwörter synchron sprechen und klatschen, auf **Mu/mu** abhören und markieren

1.

2. –

- 1. Einführung der Gebärden **mu – u – mi – i**
- 2. Gesprächsanlass: Nachspuren (siehe Seite 3, Symbole)
  Zu den Gebärden schreiben: mu, u, mi, i

Mimi

zu S. 6 – 9

1.  mu u mi i

2. 

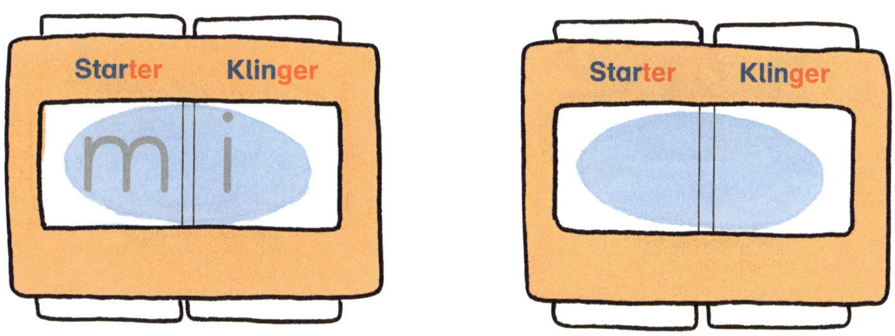

3. 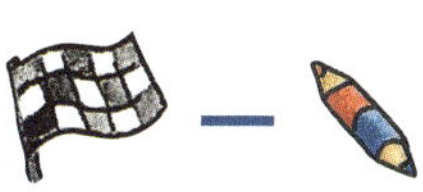

mu

- 1. Mini-Silbenschieber in Partnerarbeit einstellen: **mu – u – mi – i**
- 2. Hören – einstellen – schreiben: **mi – mu**
- 3. Silbenlauf durchführen und aufschreiben

Momo

zu S. 10, 11

1.

2.

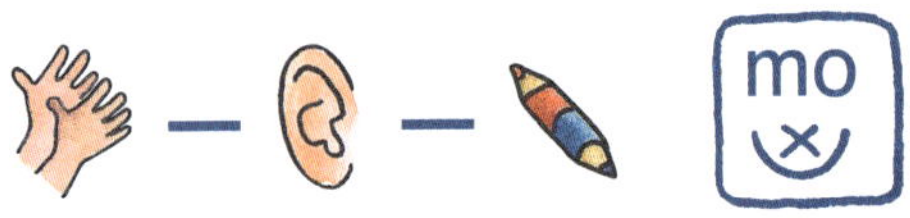

3.

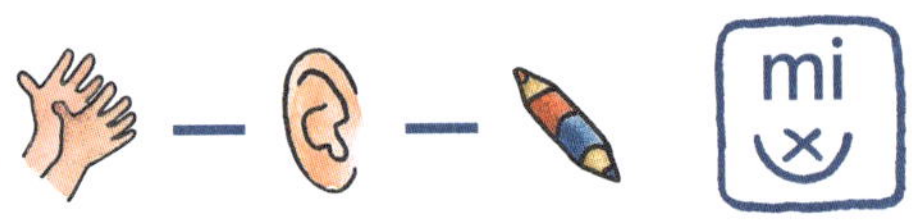

•• 1. Im Klassengespräch alle Bildwörter klären, synchron sprechen und klatschen, auf **Mo/mo** oder **Mi/mi** abhören und im passenden Silbenbogen ankreuzen bzw. nicht zutreffendes Bild streichen: Motorrad, Limo, Mimi, Mobile, Salami, Muschel
•• 2. In Einzelarbeit Bildwörter synchron sprechen und klatschen, auf **Mo/mo** abhören, markieren oder streichen
•• 3. In Einzelarbeit Bildwörter synchron sprechen und klatschen, auf **Mi/mi** abhören, markieren oder streichen

1.

2.

mo

3.

Mu
Mi

Mo
Mi

Mi
Mo

- 1. Einführung der Gebärden **mo – o**
- 2. Zu den Gebärden schreiben: mo, o, mo
- 3. Mit der passenden Anfangssilbe verbinden: Muschel, Mimi, Motorrad

Momo

zu S. 10, 11

1.

2.

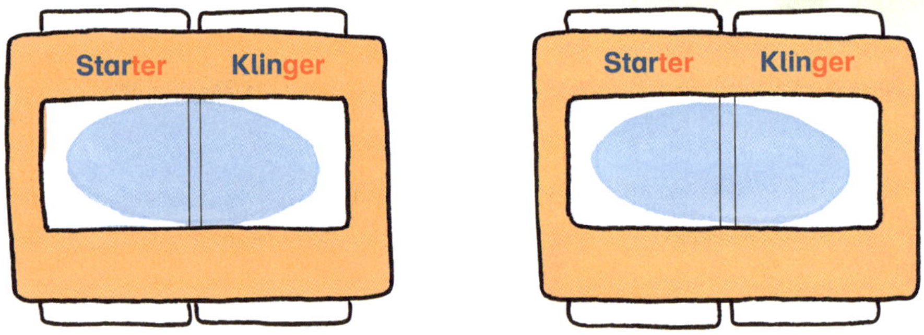

3.

mo

- 1. Lesen und gleichzeitig den Finger der Schreibhand in Bögen unter den Silben mitführen
- 2. Hören – einstellen – schreiben: **mo** – **mu**
- 3. Silbenlauf durchführen und aufschreiben

1.

2.

Mo mo

Momo

Mi o

Mi mi

• 1. Gesprächsanlass: Die Geschichte „Momo" von Michael Ende
•• 2. Silben nachspuren, Namen mit zwei Farben schreiben: Momo, Mio, Mimi

Mama

zu S. 12, 13

1. 

2. 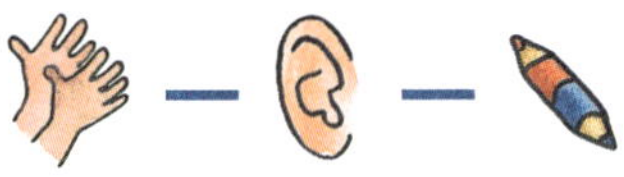

3. 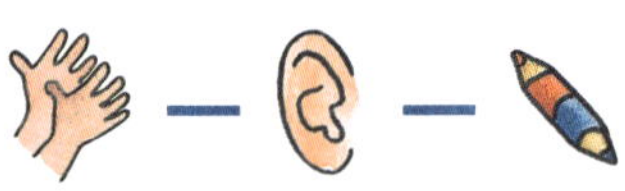

•• 1. Im Klassengespräch alle Bildwörter klären, synchron sprechen und klatschen, auf **Ma/ma** oder **Mo/mo** abhören:
Maler, Mama, Motorrad, Lama, Mobile, Limo
•• 2. In Einzelarbeit Bildwörter synchron sprechen und klatschen, auf **Ma/ma** abhören, markieren oder streichen
•• 3. In Einzelarbeit Bildwörter synchron sprechen und klatschen, auf **Mo/mo** abhören und markieren

1.

2.

ma

3.

Mo
Mi

Ma
Mi

Ma
Mo

Mo
Mi

4.

- 1. Einführung der Gebärden **ma – a**
- 2. Zu den Gebärden schreiben: ma, a, mo
- 3. Mit der passenden Anfangssilbe verbinden: Mobile, Mama, Motorrad, Mikrofon
- 4. Mit der Schreibtabelle lautgetreue Wörter schreiben: Lama
- Weitere Wörter mithilfe der Schreibtabelle ins Heft schreiben

1.

2.

ma

3.

Ma ma

Mi a

- 1. Lesen und gleichzeitig den Finger der Schreibhand in Bögen unter den Silben mitführen
- 2. Silbenlauf durchführen und aufschreiben
- 3. Silben nachspuren, Namen mit zwei Farben schreiben: Mama, Mia

1. Ma ma mo

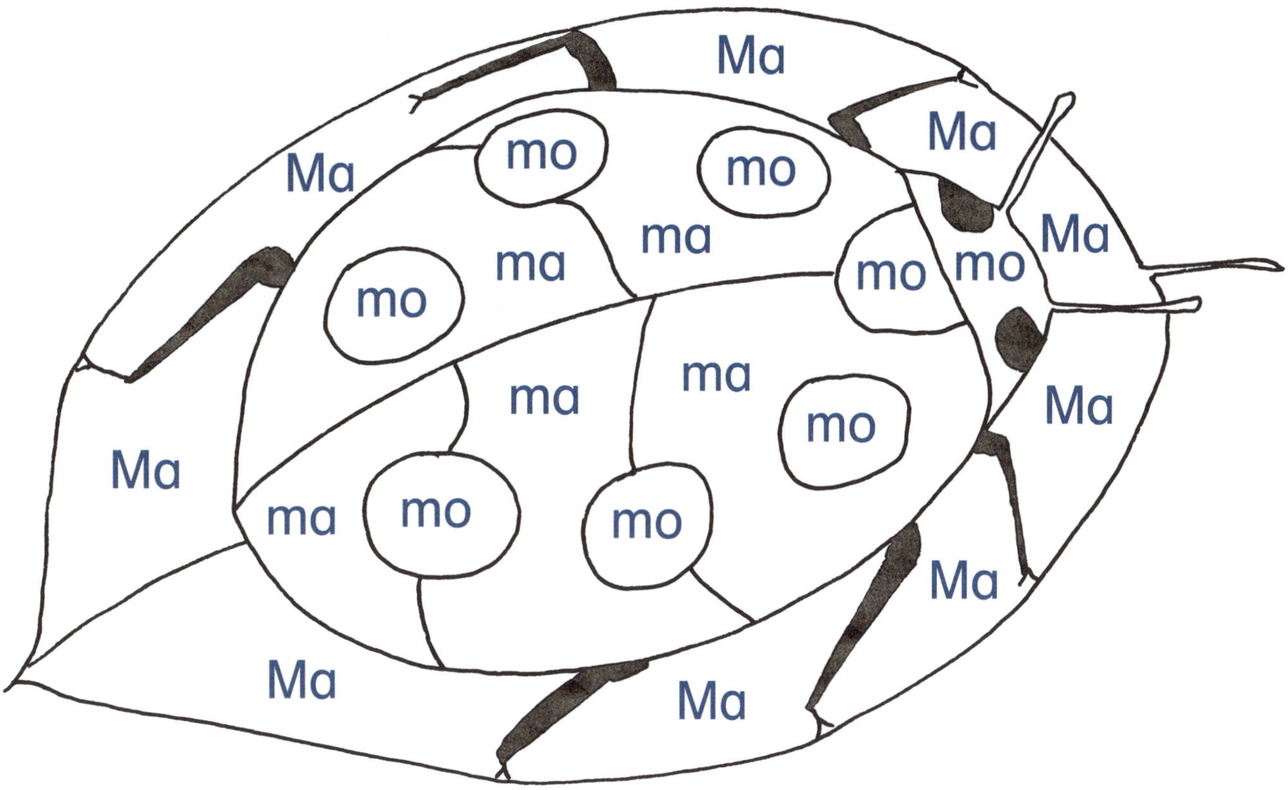

2. –

~~Mama~~

Oma

Mio

Mia

Mami

Mia

Mama

Momo

•• 1. Ausmalbild: Unterscheiden von **Ma – ma – mo**
•• 2. Unzutreffendes Wort streichen, richtiges Wort verbinden

1.

2.

3. – – –

- 1. Einführung der Gebärden **e** – **me**
- 2. Zu den Gebärden schreiben: ɐɯ ‘ǝɯ ‘ǝ
- •• 3. Im Klassengespräch alle Bildwörter klären. In Einzelarbeit synchron sprechen und klatschen, auf **Me**/**me** abhören und im passenden Silbenbogen ankreuzen: Melone, Kamele, Marmelade, Memo

1.

Ma
Me

Mo
Ma

Mo
Me

Mu
Me

2.

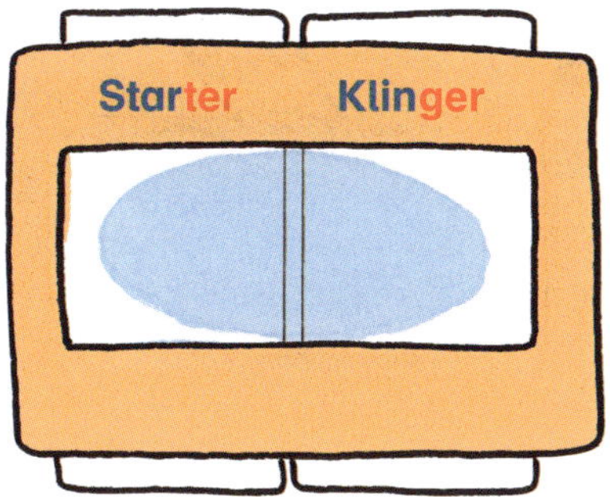

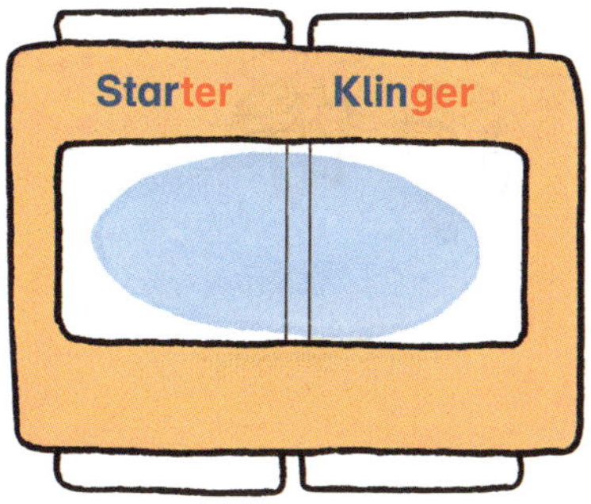

3.

Memo Mama Mio

- 1. Mit der passenden Anfangssilbe verbinden: Melone, Motorrad, Mobile, Memo
- 2. Hören, einstellen und schreiben: **me – e**
- •• 3. Namen mit derselben Farbe wie die Bilderrahmen ausmalen

1.

2.

Me mo

Mi a

Ma ma

Mi o

• 1. Lesen und gleichzeitig den Finger der Schreibhand in Bögen unter den Silben mitführen
•• 2. Silben nachspuren, Namen mit zwei Farben schreiben: Memo, Mia, Mama, Mio

1. –

Mimi

Memo

Mama

Oma

2. me mo mi ma

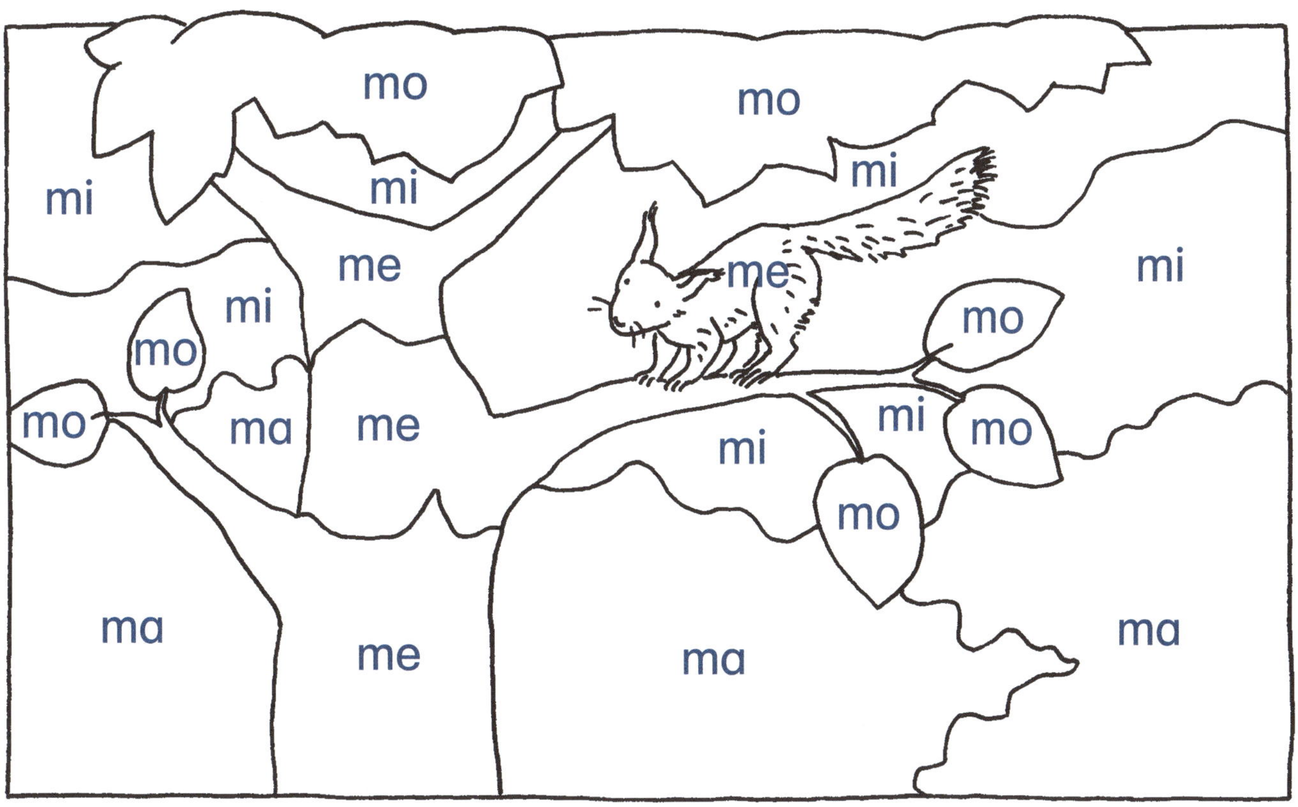

1.

2.

3.

- 1. Einführung der Gebärden **la – le – li – lo – lu**
- 2. Zu den Gebärden schreiben: la, ma, le, li, i, lo
- 3. Mit der passenden Anfangssilbe verbinden: Lama, Limo, Lineal

Lama

zu S. 16, 17

1.

2. 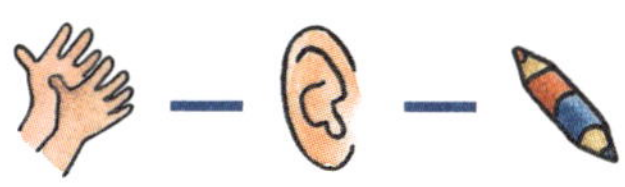 La Li

La

3. 

- • 1. Im Klassengespräch alle Bildwörter klären, synchron sprechen und klatschen, auf **La** und **Li** abhören und schreiben: Lama, Laterne, Labyrinth, Limo, Libelle, Lineal
- •• 2. In Einzelarbeit Bildwörter synchron sprechen und klatschen, auf **La** und **Li** abhören und schreiben
- ••• 3. Mit der Schreibtabelle lautgetreue Wörter schreiben: Limo ••• Weitere Wörter mithilfe der Schreibtabelle ins Heft schreiben

1.

2.

la

3.

Li mo

Li lo

• 1. Lesen und gleichzeitig den Finger der Schreibhand in Bögen unter den Silben mitführen
• 2. Silbenlauf durchführen und aufschreiben
•• 3. Silben nachspuren und Wörter mit zwei Farben schreiben: Limo, Lilo

1. – ⊗

○ Mimi ○ Memo

⊗ Limo ○ Lama

○ Muli ○ Mia

○ Mama ○ Lilo

••• 1. Wörter lesen und zutreffende ankreuzen

1.

Me E Le Li I

Ma A La mo O

mu U lu la A

2.

Du hast einen tollen Leseteppich gemacht.

Den hängen wir auf.

- 1. Lesen und gleichzeitig den Finger der Schreibhand in Bögen unter den Silben mitführen
- 2. Ich: In Einzelarbeit einen Leseteppich erstellen
  Du: In Partnerarbeit lesen und kontrollieren
  Wir: In der Gruppe/Klasse einen Leseteppich auswählen, auf ein Schmuckblatt schreiben und aufhängen

1.

2. 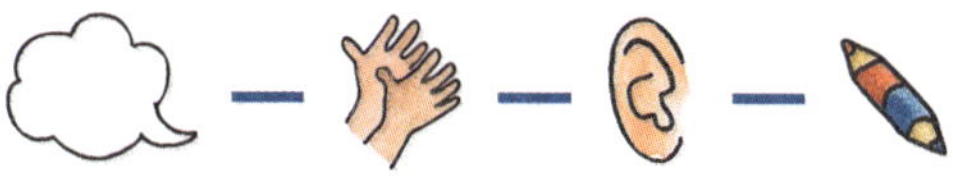 A E I O U

3. 

- 1. Im Klassengespräch die Vokale in Großbuchstaben einführen, alle Tiernamen klären, synchron sprechen und klatschen: Ameise, Elefant, Igel, Orang-Utan, Uhu
- •• 2. Im Klassengespräch die weiteren Bildwörter klären: Esel, Oma
  In Einzelarbeit Bildwörter synchron sprechen und klatschen, auf **A, E, I, O, U** abhören und schreiben
- ••• 3. Mit der Schreibtabelle lautgetreue Wörter schreiben: Oma ••• Weitere Wörter mithilfe der Schreibtabelle ins Heft schreiben

A, E, I, O, U

zu S. 18, 19

1.

○ Mia ○ Oma

○ Mio ○ Mama

○ Memo ○ Lilo

2.

Me mo

Mi a

Li lo

La ma

••• 1. Zutreffendes Wort ankreuzen
•• 2. Silben nachspuren und Wörter mit zwei Farben schreiben: Memo, Mia, Lilo, Lama

1.

Lili

Lilo

Limo

Lama

2.

Male Lili

Male lila Limo

Male Mimi

3.

••• 1. Unzutreffendes Wort streichen, richtiges Wort verbinden
••• 2. Lesen und Bild ergänzen
••• 3. Mit der Schreibtabelle lautgetreue Wörter schreiben: Igel ••• Weitere Wörter mithilfe der Schreibtabelle ins Heft schreiben

1.

2.

3.

Lo

Te

La

Ti

Ta

La

- 1. Einführung der Gebärden **ta – te – ti – to – tu**
- 2. Zu den Gebärden schreiben: ta, ti, tu, to, la, te
- 3. Mit der passenden Anfangssilbe verbinden: Telefon, Tiger, Tafel

1.

2. – –

Ta	Te	Ti	To	Tu

3.

- 1. Im Klassengespräch alle Bildwörter klären, synchron sprechen und klatschen, auf **Ta**, **Te**, **Ti**, **To**, **Tu** abhören und schreiben: Tiger, Tomate, Tafel, Tische, Taxi, Tube
- •• 2. In Einzelarbeit Bildwörter synchron sprechen und klatschen, auf **Ta**, **Te**, **Ti**, **To**, **Tu** abhören und schreiben
- ••• 3. Mit der Schreibtabelle lautgetreue Wörter schreiben: Tomate ••• Weitere Wörter mithilfe der Schreibtabelle ins Heft schreiben

1.

2.

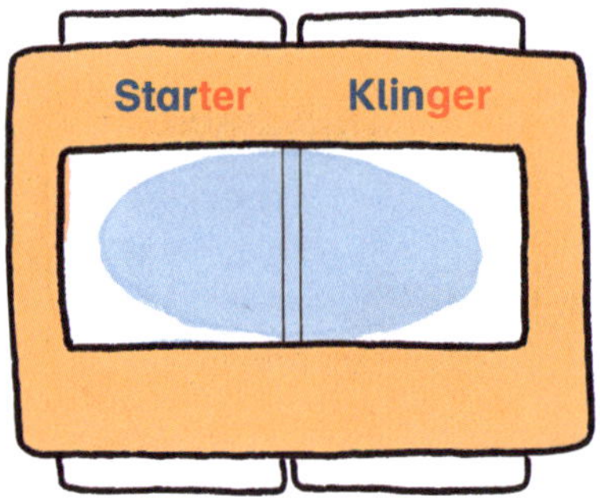

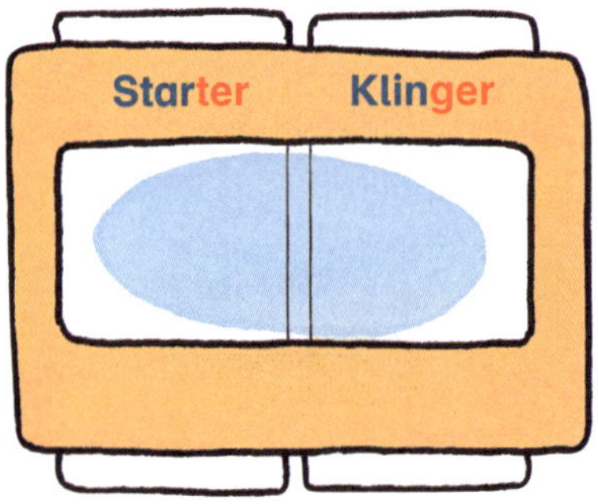

3.

Ti la — To to

- 1. Lesen und gleichzeitig den Finger der Schreibhand in Bögen unter den Silben mitführen
- 2. Hören, einstellen und schreiben: **ta – te**
- •• 3. Silben nachspuren und Namen mit zwei Farben schreiben: Tila, Toto

1.

◯ Lilo

◯ Tila

◯ Timo

◯ Mia

◯ Toto

◯ Lili

2. Male Toto Male Tila

- 1. Zutreffendes Wort ankreuzen
- 2. Lesen und Bild ergänzen

1.

2.

3.

- 1. Einführung der Gebärden **ra – re – ri – ro – ru**
- 2. Zu den Gebärden schreiben: ra, re, ro, ru, ri, ri
- 3. Wörter beginnen mit ..., nicht zutreffendes Bild streichen: Rosinen, Roboter, Regen; Radiergummi, Regen, Rehe

1. 

2. 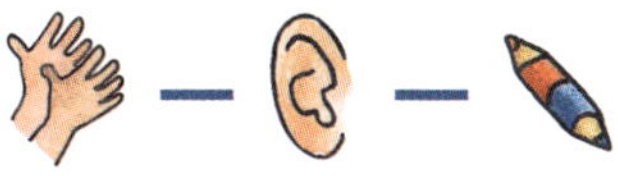

Ra Re Ro

3. 

• 1. Im Klassengespräch alle Bildwörter klären, synchron sprechen und klatschen, auf **Ra**, **Re**, **Ro** abhören und schreiben: Rabe, Raketen, Roboter, Regal, Radio, Rose

•• 2. In Einzelarbeit Bildwörter synchron sprechen und klatschen, auf **Ra**, **Re**, **Ro** abhören und schreiben

••• 3. Mit der Schreibtabelle lautgetreue Wörter schreiben: Rakete ••• Weitere Wörter mithilfe der Schreibtabelle ins Heft schreiben

1.

2.

ra

3.

Ri a Ti la

- 1. Lesen und gleichzeitig den Finger der Schreibhand in Bögen unter den Silben mitführen
- 2. Silbenlauf durchführen und aufschreiben
- 3. Silben nachspuren und Tiernamen mit zwei Farben schreiben: Ria, Tila

1.

2.

Mia ~~im~~ | ~~am~~

Oma im | am

Mio im | am

Ria im | am

3.

im

• 1. Gesprächsanlass: Wer ist zu Hause?
•• 2. Unzutreffendes Wort streichen
•• 3. Silbenlauf durchführen und aufschreiben

1.

2.

3.

- 1. Einführung der Gebärden **sa – se – si – so – su**
- 2. Zu den Gebärden schreiben: sa, so, si, se, su, ra
- 3. Wörter beginnen mit ..., nicht zutreffendes Bild streichen: Segelboot, Socken, Sofa, Salami, Salat, Sonne

1. 

2. 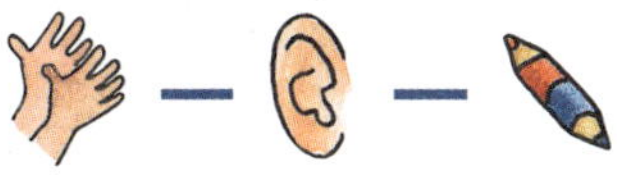 Sa Se Si So

3. 

- 1. Im Klassengespräch alle Bildwörter klären, synchron sprechen und klatschen, auf **Sa**, **Se**, **Si**, **So** abhören und schreiben: Salami, Silo, Sofa, Socken, Salate, Segel
- •• 2. In Einzelarbeit Bildwörter synchron sprechen und klatschen, auf **Sa**, **Se**, **Si**, **So** abhören und schreiben
- ••• 3. Mit der Schreibtabelle lautgetreue Wörter schreiben: əsaH ••• Weitere Wörter mithilfe der Schreibtabelle ins Heft schreiben

1. 

2. 

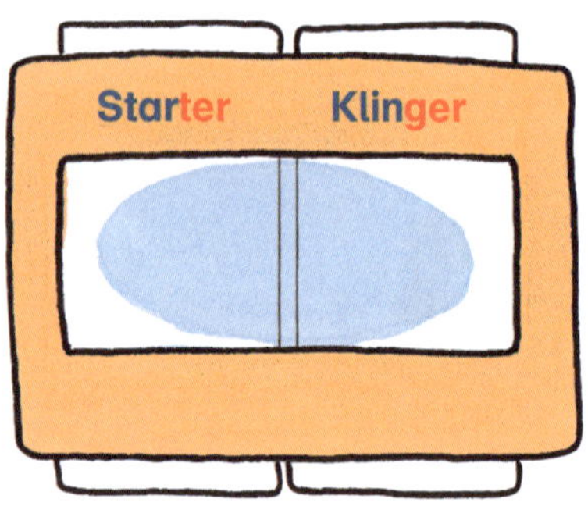

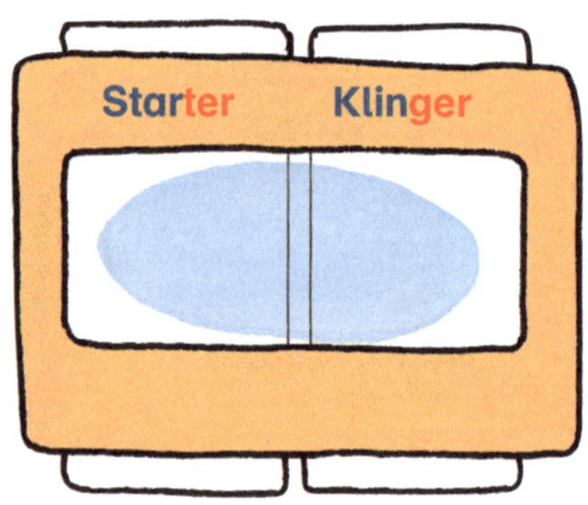

3. 

Li sa

Sa ra

- 1. Lesen und gleichzeitig den Finger der Schreibhand in Bögen unter den Silben mitführen
- 2. Hören, einstellen und schreiben: **sa – su**
- 3. Silben nachspuren und Namen mit zwei Farben schreiben: Lisa, Sara

1.

Mama ○ im  ○ am 

Sara ○ am  ○ im 

2.

am im

Lisa ist ______ .

Ria ist ______ .

3.

 ______

••• 1. Zutreffendes ankreuzen
••• 2. Wort-Bild-Sätze ergänzen: am / im
••• 3. Mit der Schreibtabelle lautgetreue Wörter schreiben: Sofa ••• Weitere Wörter mithilfe der Schreibtabelle ins Heft schreiben

1.

2.

3. – – – Wa we Wi

- 1. Einführung der Gebärden **wa – we – wi – wo – wu**
- 2. Zu den Gebärden schreiben: ǝʍ 'nן 'oʍ 'nʍ 'ıʍ 'ɐʍ
- •• 3. Im Klassengespräch alle Bildwörter klären: Wikinger, Löwe, Wagen
  In Einzelarbeit Bildwörter synchron sprechen und klatschen, auf vorgegebene Silben abhören und schreiben

1.

we
re

le
we

se
we

2.

Mi	to	Me	a
Wi	mi	Ri	mo

Mimi

3.

• 1. Mit der passenden Endsilbe verbinden: Löwe, Möwe, Rose
•• 2. Silben verbinden; Tiere mit dazugehörender „Behausung" verbinden
Passende Tiernamen mit zwei Farben schreiben: Mimi, Wito, Ria, Memo
••• 3. Mit der Schreibtabelle lautgetreue Wörter schreiben: Löwe ••• Weitere Wörter mithilfe der Schreibtabelle ins Heft schreiben

1.

wa	la	su	ri	to
we	lo	ra	mi	la
wu	le	ma	si	ro
wo	so	im	am	ist

2.

wi				

3.

U	we	Wi	to

- 1. Lesen und gleichzeitig den Finger der Schreibhand in Bögen unter den Silben mitführen
- 2. Silbenlauf durchführen und aufschreiben
- 3. Silben nachspuren und Namen mit zwei Farben schreiben: Uwe, Wito

1.

2.

Wito

••• 1. Wito sucht den richtigen Weg durch das Labyrinth zu Uwe: Weg einzeichnen
• 2. Silben lesen und abstreichen, Wörter mit zwei Farben schreiben:
Wito, Salami, Tomate, Limo, Rose, Uwe

1.

2.

3. –

dal

4. – – – Del del

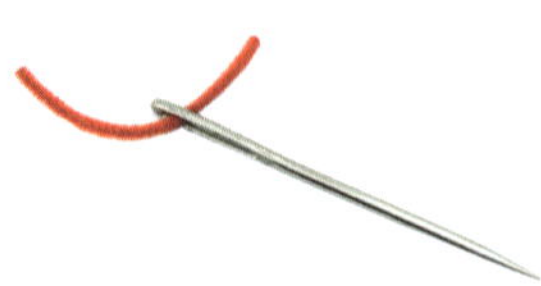

- 1. Einführung der Gebärden **da – de – di – do – du – del**
- 2. Zu den Gebärden schreiben: da, ta, del
- 3. Silbenlauf durchführen und aufschreiben
- •• 4. Im Klassengespräch alle Bildwörter klären: Delfin, Nadel, Dudelsack
  In Einzelarbeit Bildwörter synchron sprechen und klatschen, auf vorgegebene Silben **Del/del** abhören und schreiben

1. 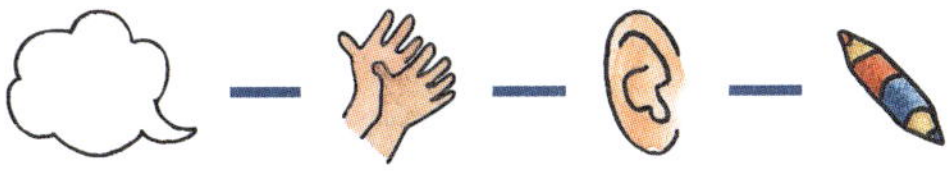 da de Di Do Du

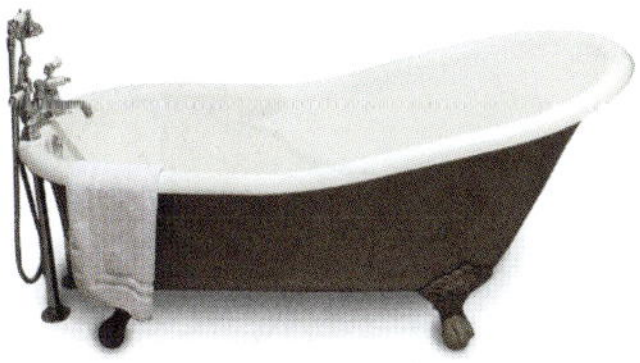

2. 

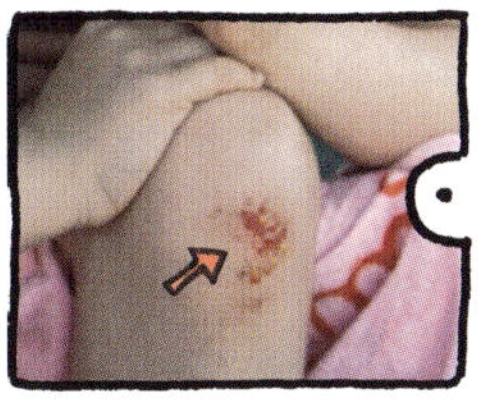 de se

 le se

 te le

 we de

 se me

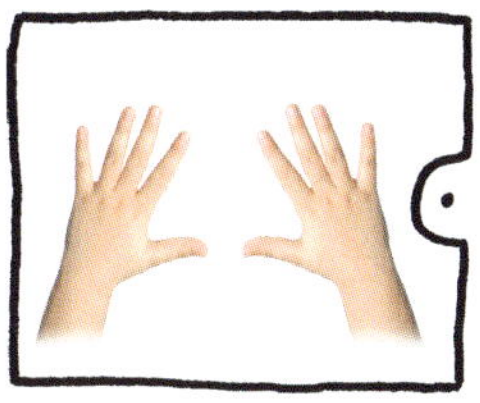 re de

3. 

•• 1. Im Klassengespräch alle Bildwörter klären: Dose, Dusche, Dino, Badewanne, Mandarine, Domino
In Einzelarbeit Bildwörter synchron sprechen und klatschen, auf vorgegebene Silben abhören und schreiben
• 2. Mit der passenden Endsilbe verbinden: Wunde, Hose, Hüte, Hunde, Blume, Hände
••• 3. Mit der Schreibtabelle lautgetreue Wörter schreiben: Domino ••• Weitere Wörter mithilfe der Schreibtabelle ins Heft schreiben

1.

2.

- 1. Lesen und gleichzeitig den Finger der Schreibhand in Bögen unter den Silben mitführen
- 2. Hören, einstellen und schreiben: **de – del**

1. 

Wer ist im  ?

Doris ist im  .

Wer ist am  ?

______ ist am  .

Wer ist am  ?

______ ist am  .

~~Do~~

ma

Mi

o

Ma

~~ris~~

••• 1. Ich: In Einzelarbeit die Fragen lesen, Silben abstreichen und Antworten mit zwei Farben ergänzen
Du: In Partnerarbeit die Sätze überprüfen
Wir: In der Klasse die Sätze präsentieren

1.

2.

3. – – – Na ne No

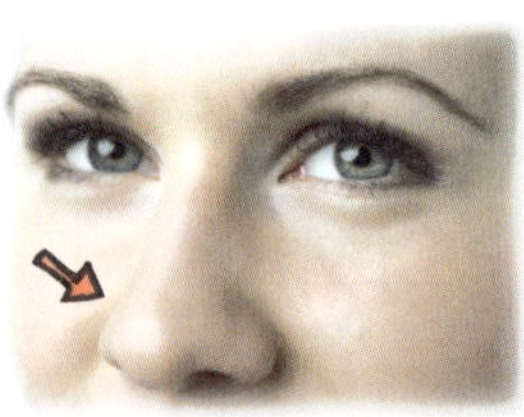

- 1. Einführung der Gebärden **na – ne – ni – no – nu**; Gegenüberstellung von **m** und **n**
- 2. Zu den Gebärden schreiben: ıɯ 'ǝu 'ǝɯ 'ıu 'ɐɯ 'ɐu
- •• 3. Im Klassengespräch alle Bildwörter klären: Nase, Note, Biene
  In Einzelarbeit Bildwörter synchron sprechen und klatschen, auf vorgegebene Silben abhören und schreiben

1.

Win
Wan

Win
Wun

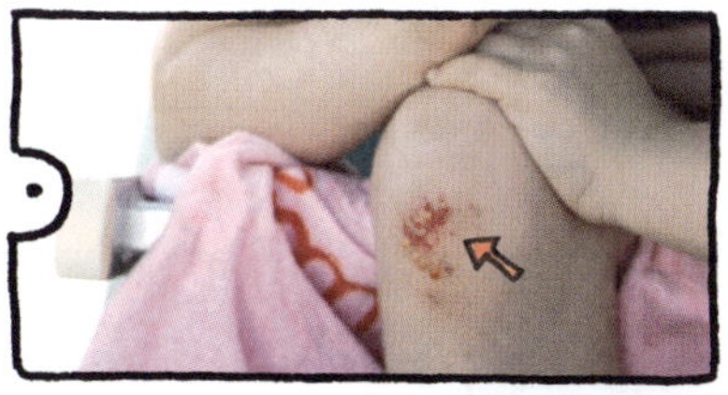

Mon
Man

Wol
Wel

Tar
Tor

Lem
Lam

2. Was alle tun:

ra ten
ma len
le sen

3.

• 1. Mit der passenden Anfangssilbe verbinden: Winter, Wunde, Mantel, Wolke, Torte, Lampe
•• 2. Silben nachspuren und Verben mit zwei Farben schreiben: raten, malen, lesen
••• 3. Mit der Schreibtabelle lautgetreue Wörter schreiben: Delfin ••• Weitere Wörter mithilfe der Schreibtabelle ins Heft schreiben

1.

na ma ne mo

me men se sen

le len te ten so

Na del Ro sen und

2.

- 1. Lesen und gleichzeitig den Finger der Schreibhand in Bögen unter den Silben mitführen
- 2. Hören, einstellen und schreiben: **tan** – **son**

1.

2. –

Nase | Nadel | Mantel | Tinte

•• 1. Im Klassengespräch Einführung der Begriffe **offene** und **geschlossene Silbe** und Einführung der **Häuschenschreibweise**
Häuschen zur Klärung der Position der einzelnen Buchstaben im Wort: 1. Silbe im Haus, 2. Silbe in der Garage, Vokale im gelben Zimmer

•• 2. Im Klassengespräch alle Bildwörter klären: Nase, Tinte, Nadel, Mantel
In Einzelarbeit Wörter abstreichen und Bildwörter mit zwei Farben in Häuschen schreiben

1.

2.

3. Scha Sche Scho Schu

4.

- 1. Einführung der Gebärden **scha** – **sche** – **schi** – **scho** – **schu**
- 2. Zu den Gebärden schreiben: scha, schu, se
- •• 3. Im Klassengespräch alle Bildwörter klären: Schule, Schale, Schere, Schafe, Schote, Schuhe
  In Einzelarbeit Bildwörter synchron sprechen und klatschen, auf vorgegebene Silben abhören und schreiben
- ••• 4. Mit der Schreibtabelle lautgetreue Wörter schreiben: Schere ••• Weitere Wörter mithilfe der Schreibtabelle ins Heft schreiben

1.

2. –

~~Schu~~le

Schirme

3.

Mit 3 auf einer Leiter –
beginnt die Schule heiter.

Wir schreiben
drei Buchstaben
für einen Laut.

- 1. Im Klassengespräch Häuschenschreibweise bei **sch** einführen:
  3 Buchstaben für einen Laut wohnen in einem Zimmer; Merkspruch „Mit 3 auf einer Leiter – beginnt die Schule heiter."
- 2. Im Klassengespräch alle Bildwörter klären: Schule, Schirme
  In Einzelarbeit Wörter abstreichen und Bildwörter mit zwei Farben in Häuschen schreiben
- 3. Über Lernen sprechen: Sch, sch

1.

scha Sche schi Scho

schu schum sche schen

schi schim scha schat

Schü Schüs schal

2. –

scha

3. – –

- 1. Lesen und gleichzeitig den Finger der Schreibhand in Bögen unter den Silben mitführen
- 2. Silbenlauf durchführen und aufschreiben
- 3. Hören, einstellen und schreiben: **schal – schil**

1.

[redacted]

[redacted]

[redacted]

[redacted]

Kannst du das lesen?

2.

essen Müsli Teller

Alleessen.

AlleessenMüsli.

AllewaschenTeller.

Wer findet die Wörter schnell?

3.

Müsli waschen Schüler Schüssel

4.

Kannst du **Alle Schüler waschen Teller** nun schneller lesen?

- •• 1. Text lesen
- •• 2. Sichtwortlesen: Wörter im Text finden und markieren
- • 3. Wörter aufschreiben und üben
- • 4. Über Lernen sprechen: Lesetechnik

1.

① 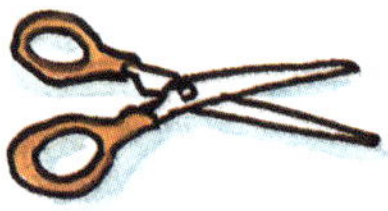

○ 

○ 

○ 

① 

Sche re

② 

③ 

④ 

2. Was alle tun :

wa schen

na schen

•• 1. Bilder den Gebärden zuordnen und Nomen mit zwei Farben schreiben: Schere, Dusche, Schale, Tisch
•• 2. Silben nachspuren und Verben mit zwei Farben schreiben: waschen, naschen
••• Sätze mithilfe der Schreibtabelle ins Heft schreiben

1. –

Schere Schulter

2. –

schal

3.

Mu schel

Ta sche

•• 1. Im Klassengespräch die Bildwörter klären: Schulter, Schere
In Einzelarbeit Wörter abstreichen und Bildwörter mit zwei Farben in Häuschen schreiben
• 2. Silbenlauf durchführen und aufschreiben
•• 3. Silben nachspuren und Nomen mit zwei Farben schreiben: Muschel, Tasche
••• Weitere Wörter mithilfe der Schreibtabelle ins Heft schreiben

1.

Simsalabim

Scha  Schu

Schale | Schule

Tische | Ti  Ta

Nadel | Na  Nu

2.

Ro / Do — se

Rose 

Scha / Wa — le

•• 1. Zauberwörter finden: Nomen mit zwei Farben nachspuren, Buchstaben austauschen und mit zwei Farben schreiben
•• 2. Reimwörter mit zwei Farben schreiben

1. Wer ist das ?

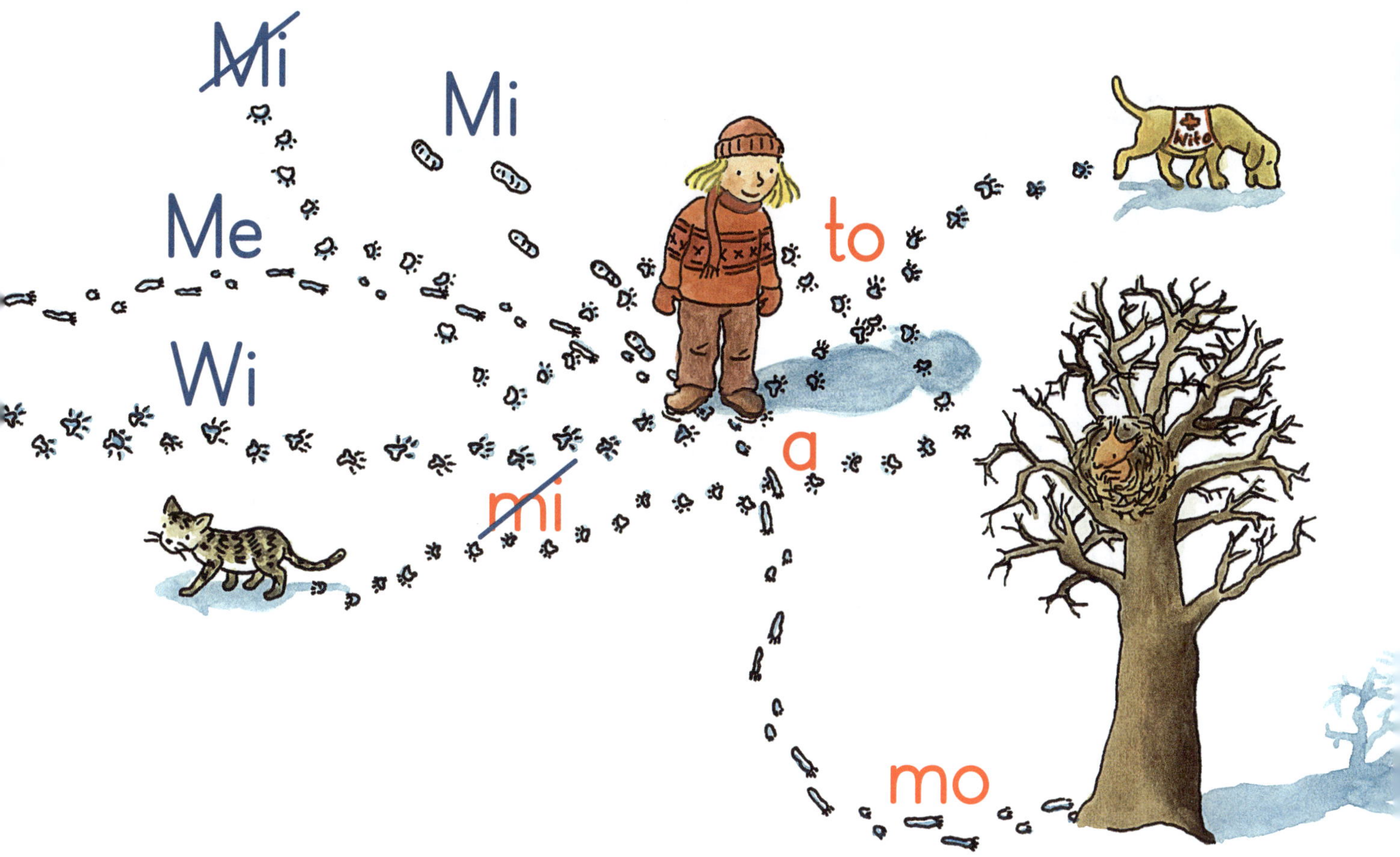

 Das ist Mimi.

 Das ist

 Das ist

 Das ist

••• 1. Ich: In Einzelarbeit Spuren zuordnen
Du: In Partnerarbeit sich austauschen und Sätze schreiben; Silben abstreichen
Wir: In der Gruppe/Klasse die Sätze vorstellen und überprüfen

1.

2.

3. – – –

Rei Sei

- 1. Einführung der Gebärde **ei**
- 2. Zu den Gebärden schreiben: ei, me, mei, dei, de, rei
- •• 3. Im Klassengespräch alle Bildwörter klären: Reifen, Seife, Seite
  In Einzelarbeit Bildwörter synchron sprechen und klatschen, auf vorgegebene Silben abhören und schreiben

1.

Reiter | Leiter | Meise | Eimer

2. Was alle tun :

wei nen

rei men

•• 1. Im Klassengespräch alle Bildwörter klären: Reiter, Meise, Leiter, Eimer
In Einzelarbeit Wörter abstreichen und Bildwörter mit zwei Farben in Häuschen schreiben
•• 2. Silben nachspuren und Verben mit zwei Farben schreiben: weinen, reimen
••• Weitere Wörter mit ei und Sätze mithilfe der Schreibtabelle ins Heft schreiben

1.

scha sche schei ne

sa se sei ne

wa wei we nos

dal dei des tei

2. ein oder eine

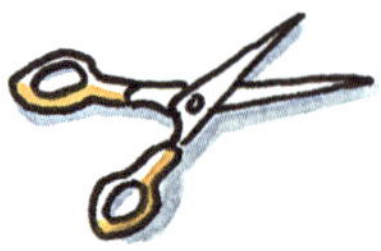

3.

- 1. Lesen und gleichzeitig den Finger der Schreibhand in Bögen unter den Silben mitführen
- 2. Artikel **ein**/**eine** passend zu den Abbildungen schreiben: Leiter, Haus, Auto, Schere, Banane, Stuhl, Eis, Tasse
- ••• 3. Mit der Schreibtabelle lautgetreue Wörter schreiben: Seite ••• Weitere Wörter mithilfe der Schreibtabelle ins Heft schreiben

Lisa und Reiner reimen

1.

2.

Rei
Lei
ter

Reiter

Mei
Rei
se

schei
wei
nen

•• 1. Klassengespräch: Austausch des „Starters“ bei Reimwörtern
•• 2. Reimwörter mit zwei Farben schreiben

1.

2.

3. – – –

Kar | Ker | Kir

4.

- • 1. Einführung der Gebärden **ka – ke – ki – ko – ku**
- • 2. Zu den Gebärden schreiben: ka, kla, kra, ke, kle, kre
- •• 3. Im Klassengespräch alle Bildwörter klären: Kerze, Kirschen, Karten
  In Einzelarbeit Bildwörter synchron sprechen und klatschen, auf vorgegebene Silben abhören und schreiben
- ••• 4. Mit der Schreibtabelle lautgetreue Wörter schreiben: Korken ••• Weitere Wörter mithilfe der Schreibtabelle ins Heft schreiben

1. – Kleider Krone

2. –

kra

3. Was der Kakadu kann:

kna cken klet tern

•• 1. Im Klassengespräch alle Bildwörter klären: Krone, Kleider
In Einzelarbeit Wörter abstreichen und Bildwörter mit zwei Farben in Häuschen schreiben
• 2. Silbenlauf durchführen und aufschreiben
• 3. Silben nachspuren und Verben mit zwei Farben schreiben: knacken, klettern ••• Sätze mithilfe der Schreibtabelle ins Heft schreiben

1.

2.

Kinder

Wecker

Kirschen

Karten

Kinder

• 1. Lesen und gleichzeitig den Finger der Schreibhand in Bögen unter den Silben mitführen
•• 2. Bilder mit passendem Wort verbinden; Wörter mit zwei Farben schreiben

1. Was tun alle Kinder?

Alle lesen.

Alle schlummern.

Alle essen.

2. Was tust du in der Schule?

•• 1. Zu jedem Bild den passenden Satz mit zwei Farben schreiben; benutzte Sätze abstreichen
••• 2. Eigene Sätze mithilfe der Schreibtabelle ins Heft schreiben

Am Abend

1.

2.

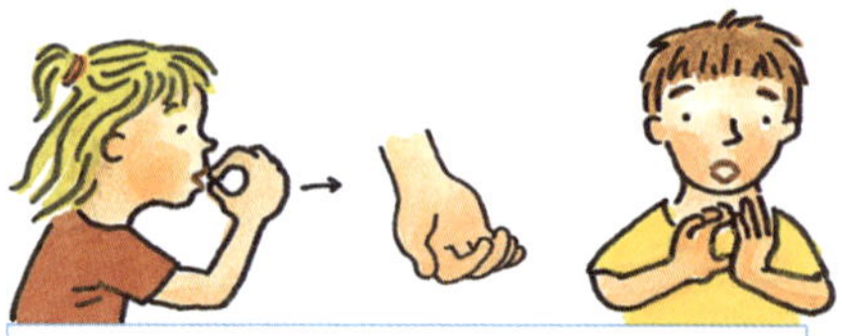

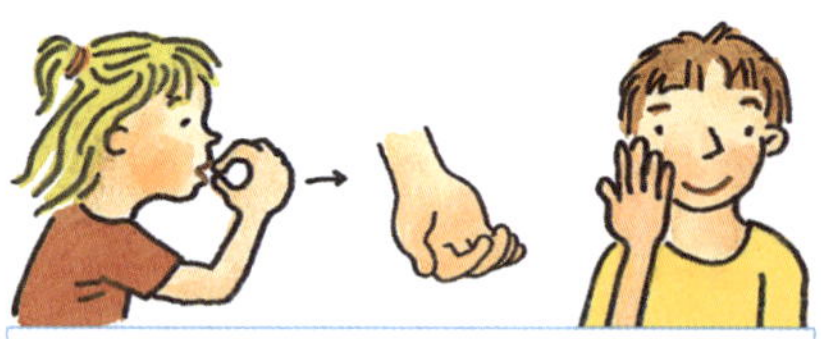

3. – – –

be ben Ber

- 1. Einführung der Gebärde **b**
- 2. Zu den Gebärden schreiben: ba, bra, bla, bei, brei, blei
- 3. Im Klassengespräch alle Bildwörter klären: Berge, Trauben, Schraube
  In Einzelarbeit Bildwörter synchron sprechen und klatschen, auf vorgegebene Silben abhören und schreiben

1.

Braten	Brause	Blume	Brote

2. Was Kinder tun:

le sen

tur nen

3.

•• 1. Im Klassengespräch alle Bildwörter klären: Braten, Blume, Brote, Brause
In Einzelarbeit Wörter abstreichen und Bildwörter mit zwei Farben in Häuschen schreiben
• 2. Silben nachspuren und Verben mit zwei Farben schreiben: lesen, turnen
••• 3. Mit der Schreibtabelle lautgetreue Wörter schreiben: Brezel ••• Weitere Wörter mithilfe der Schreibtabelle ins Heft schreiben

1.

Ba be Bi bo Bu

bra bre bri Bro Bru

Bla ble Bli blo Blu

brei le bro le du

2. Simsalabim

Nabel bel del

Birke ke ne

Wabe be de

leben le lo

• 1. Lesen und gleichzeitig den Finger der Schreibhand in Bögen unter den Silben mitführen
•• 2. Zauberwörter finden: Wörter mit zwei Farben nachspuren, Buchstaben austauschen und Wörter mit zwei Farben schreiben

1. d b

2.

Ra	be
Wa	

Ro	se
Do	

•• 1. Ausmalbild: Unterscheiden von **d – b**
•• 2. Reimwörter mit zwei Farben schreiben

1.

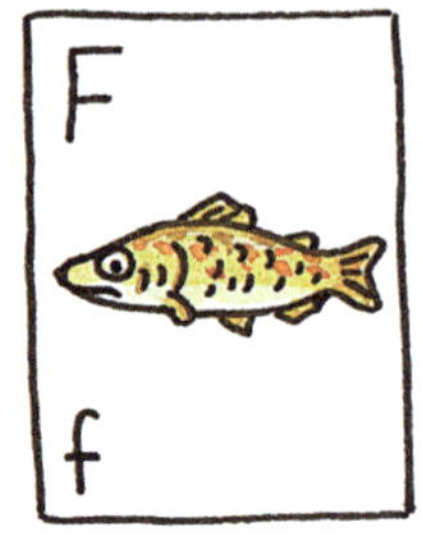

2.

3. Fe fen Fi Fla

- 1. Einführung der Gebärde **f**
- 2. Zu den Gebärden schreiben: fa, fla, fra, fe, fle, fre
- 3. Im Klassengespräch alle Bildwörter klären: Fische, Flasche, Feder, Reifen
  In Einzelarbeit Bildwörter synchron sprechen und klatschen, auf vorgegebene Silben abhören und schreiben

1.

Faden Tafel Schafe Seife

2.

schla fen

fi schen

•• 1. Im Klassengespräch alle Bildwörter klären: Faden, Seife, Tafel, Schafe
In Einzelarbeit Wörter abstreichen und Bildwörter mit zwei Farben in Häuschen schreiben
• 2. Silben nachspuren und Verben mit zwei Farben schreiben: schlafen, fischen ••• Sätze mithilfe der Schreibtabelle ins Heft schreiben

Bei den Eskimos

zu S. 42, 43

1.

fa	fal	fe	fel	fu
fo	fro	fu	fru	frei
wa	fa	we	fi	wo
waf	wer	wuf	wo	

2.

wer — fen

ru

schla

bel

rol — len

tol

- 1. Lesen und gleichzeitig den Finger der Schreibhand in Bögen unter den Silben mitführen
- 2. Verben zusammensetzen und mit zwei Farben schreiben

1.

○ Eskimos fischen mit einer Schnur.

○ Eskimos essen Fische.

○ Eskimos reisen mit dem Schlitten.

○ An der Schnur ist Futter.

•• 1. Sätze den Bildern zuordnen und nummerieren

1.

So kannst du lesen üben.

Eskimos

Eskimos leben

Eskimos leben im Norden

2.

fischen essen Schnur

Eskimosfischen.

EskimosessenFische.

FutteristanderSchnur.

Wer findet die Wörter schnell?

3.

fressen Fest Futter fischen

4.

Kannst du **Bei den Eskimos** nun schneller lesen?

- •• 1. Text lesen
- •• 2. Sichtwortlesen: Wörter im Text finden und markieren
- • 3. Wörter aufschreiben und üben
- • 4. Über Lernen sprechen: Lesetechnik

1.

• 1. Die Verbindung von den Geschenken zu den Familienmitgliedern nachfahren
(Selbst einen Wunschzettel verfassen)

1.

2.

3.

4.

5.

6.

•• 1. Bilder des Ausschneideblattes S. 79 ausschneiden und in der richtigen Reihenfolge aufkleben
•• 2. Den Weihnachtsengel selbst basteln

zu Arbeitsheft S. 78

1. An der gestrichelten Linie durchschneiden
2. Dann Bilder einzeln ausschneiden